febrero

(mientras ellos están de fiesta)

ExLibric

JÓSBEL CARABALLO LOBO

febrero

(mientras ellos están de fiesta)

EXLIBRIC
ANTEQUERA 2024

FEBRERO (MIENTRAS ELLOS ESTÁN DE FIESTA)
© Jósbel Caraballo Lobo
Ilustración de cubiertas: Asma
© de la ilustración de cubiertas: Edward Parúh
Diseño de portada: Dpto. de Diseño Gráfico Exlibric

Iª edición

© ExLibric, 2024.

Editado por: ExLibric
c/ Cueva de Viera, 2, Local 3
Centro Negocios CADI
29200 Antequera (Málaga)
Teléfono: 952 70 60 04
Fax: 952 84 55 03
Correo electrónico: exlibric@exlibric.com
Internet: www.exlibric.com

ISBN: 978-84-10297-62-3
Depósito Legal: MA 2323-2024

Impresión: PODiPrint
Impreso en Andalucía – España

Nota de la editorial: ExLibric pertenece a Innovación y Cualificación S. L.

JÓSBEL CARABALLO LOBO

febrero

(mientras ellos están de fiesta)

a mi maestro espiritual, Srila Jayapataka Swami
a Gaba, estos incendios que no cierran

Qué país es este que nos tapa
Luis Alberto Crespo

Llegados a este punto, lo mejor habría sido que el contexto pervertido sobre el cual se levantaron estos textos ya no fuera. Pero los años fueron cada vez menos generosos y, en lugar de perder vigencia, este febrero, que se me antojó en tiempos de zozobra, sigue vagando por las calles de mi país con un hambre y una muerte que antes no pude imaginar. Regresar aquí es constatar la naturaleza del veneno.

agosto de 2024

En las honras fúnebres al cuerpo presente del poeta Ernesto Cardenal, gendarmes de la tiranía nicaragüense asediaron el lugar. De su Salmo 30, «Ten piedad de mí, Señor, porque estoy en tribulación / mientras ellos están de fiesta». Que el cura poeta fuese un perseguido político, aun después de muerto, delata cuán peligrosa es, en el nervio del opresor, la santidad (o la poesía).

abril de 2024

EL PRIMER ESTUDIANTE atravesado
por la humedad infinita del disparo, portaba la tensión
    de su nombre.
Horas y gente detrás, quizás un odio.

Derrapó en la agonía de la prisa, sin pensar
en el estrépito de esa tarde que inundaba de rostros
    los gritos.

Contenía el humo de su verdad.
Lo imaginaba a cuestas, y huía del asombro
por el hedor de un policía que mentía hasta el sudor
    en el arma.

El primer estudiante que meditó en el febrero de su
    olvido
tal vez no era un estudiante.
Su terquedad sacudía la memoria de un país que iba
    de espaldas,
enterrándose en sus muros.

Mientras amaba el calor de aquella esquina,
el tumulto inventaba otra nación,
otro año que apenas revelaba su inquietud.

Y lloró, no de miedo, ni de muerte.
Lloró la inconclusión / el no saber.

Sintió lástima por esa bala que nada explicaba,
por el mendigo que dormía en una flor,
por la impotencia de volver a nacer en aquel mes
roto de preguntas por la ciudad que ahora abandonaba,

lentamente,
como un billete cayendo
aferrado a desencuentros.

ELLA entendió
la partida de otro mes como una urgencia,
y trajo hasta la memoria un país de fuego.

Mientras dormía bajo mis párpados, fingió la sonrisa,
leyó la inocencia olvidada en el pan,
y la calma, que huía hacia la soga, nos fue desdibujando.

Ella quería reventar las páginas de mi pueblo
y poner barricadas en el fondo de sí misma
y marchar bajo una puerta impronunciable.

Ella salía a diario con la bandera remendada.
Las calles sembraban en su carnet de estudiante
una ruta de huesos e incertidumbre.

Cada día esperé su sueño para llenar el mío,
tragando el frío que me hacía recordar sus pasos
en aquella plaza
pálida / arenosa.

Apenas supe escarbar en su retorno,
volver a mi silla de oficinista inacabado
y besarla en los miedos
cuando dolía la noche.

YO ERA un conspirador.

Tras mi carnet de empleado público,
de esclavo deshonesto y traidor,
desenfundé papeles / mi cuerpo de guerra,
y salí, enardecido por calles de sangre,
a vender lo que me iba quedando entre las horas.

Era un estorbo entre el fallo y la desdicha.

Andaba a oscuras remedando silencios.
Usaba armas robadas del pensamiento
para matar al hambre que a mi generación
traían los vértigos.

Aprendí a caminar extrañando mi piel de renuncias.

Quise tararear la melodía del soldado
como si fuera la paz, mi morada / mi veneno.
Pero yo no era uno de ellos.

Yo era el destino de mis noches
queriendo probar lo que mi cuerpo, incapaz, me
    reclamaba.

Despertaba para llover mis balas sobre la luz de los
    ilustres
y robar su tiempo de ebriedad
(era una amenaza para el recuerdo de nuestros
    próceres).

Fui una lástima en la trinchera de mis hermanos.
Mi madre se lamentó por haber ocultado en mí
al tirano que una tarde no supo más de sus ventanas
y sacó de su vientre un arma
y reventó las sienes del enemigo.

Yo era un conspirador.

El último perjuro irrevocable.
Postrero, de labios cosidos a la mugre en las aceras,
murmullo de una suma de letras,
destrozo de pan y huellas
en la patria del mendigo.

HEREDÉ la medianoche del peor enero,
improvisando palabras menos técnicas
que dólar, recesión, país o petróleo,
para indagar en la pobreza de estar quietos,
profundos en la espera de otras rebajas,
de traiciones que algunos meses
prefieren no invertir.

Callo, mientras reparo mis sustos
y escribo deudas en papel reciclado,
en una página que pudo ser este poema,
pero entre números, borrones y signos y derrotas,
no lo fue.

EN UNA ESQUINA llueve el poeta,
y no sabe presenciar esa distancia en la que el fondo
no es el mar.

Su pecho combate la escasez, el hambre que acerca un
temporal de ceniza
más adentro, donde los árboles se pierden entre muros.

El poeta quiere vaciar la calma que las balas confunden
con la noche.
Vive su angustia en la leyenda de un niño
que sembró su propia voz camino de la guerra.

Esta mañana, el miedo de su lápiz pronunció una
maldición
y reventó la sal que lo amarraba a la muerte.

Con todo su grito de paredes desgastadas,
inoculando a los párrafos del enemigo
un vientre de funeral.

EN LA MEMORIA de una roca
transitada por días de andar despidiéndonos,
de olvidar la basura chamuscada en calles
que me impiden regresar a mi trabajo
y maldecir el hedor de la mañana,

edifiqué nostalgias / frustraciones,
para inventar una dureza que llegara hasta los vuelos,
adonde van a parar los jadeos del decir

nos vemos pronto, claro que va a pasar

y hacerme respuestas,

improvisarme frío ante un avión que no flaquea,
que inventa nuevos paisajes en mi habitación:
un par de maletas de los que se fueron,
y ahí esperan,
por si vuelven.

ESTE DÍA retumbará en mi cansancio
como final de mes,
y la angustia de no haber deseado
descifrará la postal de una ciudad
donde me trazo innumerable.

El policía saldrá a la calle
para vengar la sequía de otra quincena.
Ebrio de carreteras, dirá sin nervios:
¿Sabes por qué te detuvimos?
Tu oscuridad enferma a las aceras.
¿Y ahora, cómo lo arreglamos?

Y yo, confuso,
pensando en ella (que un día dejará de amarme),
encenderé la lejanía que esconde el mar en mis huesos,

invocaré una noche impregnada de calles,
una línea con rostros de párpados lejanos
reventando el óxido,
ocupando más.

a Yelvin

SUPONGO que el invierno demolió la sombra del
   mes en que te fuiste.

Las lágrimas de esa madrugada siguen evaporándose,
ahora, en una ciudad que inventas todas las mañanas
   en el mismo ordenador,
ignorando las noticias que nos hacen menos densos,
   más solitarios,
por un país hipotecado que no para de surcar.

Sigues construyendo (pese al hielo en la oración)
nuevos mapas / viejos espejismos /
el temor de sofocar la duda,
sin inventar el disparo que desoriente a la noche.

Y mientras ardes en utopías y en esperas,
un verdugo anda suelto en cada pueblo,
inventan nuevas hendijas por donde pase mejor la
   peste del soldado.

Hay mucho que contar, después de un año de huecos
que avergüenzan cada vez mejor:
la ropa gastada; las monedas, que ya no pesan ni
   entierran,

que ya no empujan el camión de la basura hasta la piel,
que hasta hace días podía fingir, podía errar.

Por ahora, hay zonas de paz en esta guerra.
Dormimos sobre decretos que diluyen el fusil
únicamente en la memoria.

La ansiedad por vivir despacio nos arruina.
Los perros andan bien, andan muriendo bien.

Una calle de prisas te supone,
mientras la gente regresa del mercado con estupor
   vacío
y el cansancio de querer saber.

Aquí la palabra es confusión.
Cuántas cosas al mismo tiempo, cuántos retazos.

Mejor que te fuiste.

LAS FRONTERAS aguardan la caída de un árbol
que pudiéramos cruzar para llegar hasta la noche.

Pero aún no es tiempo de volver a contarnos
y embriagar en callejones el hedor de nuestras dudas.

Las fronteras se yerguen por un dolor de tierra mojada,
por un salto que nadie atiende,
que solo escuchan los que han ido
en este tiempo
de pensar lejano.

No alcanzamos ni para cromos.

Seguimos levantándonos por torcer el límite.
Buscamos una letra que nos descubra.
Apenas, volver a ser.

TE ESPERÉ en el movimiento de la arena,
yéndome a plantar juramentos más allá de las aguas.

La playa extraviaba un nombre en sus vísceras.

Mis pasos iban dispersos;
yo no sabía a dónde me llevaban,
tan solo que al final, erguida en olas,
tu voz maldecía el aire de cada grieta,

sostenía en el quinto domingo de febrero
una sangre que agotara el estruendo
de andar secos, acobardados,
ante una ráfaga de bestias
dormidas en la mancha del uniforme.

LAS ÚLTIMAS GOTERAS de mayo
repiten balas de los primeros discursos.

Llueven lentas / cancerosas,
narrando un descontrol de charcos en la basura.

Sus dudas, estancadas por morir en otras penas,
ahogan el pan bajo la puerta.

Vienen torciendo el mapa,
y yo, escampado y reducido en el fondo de mi voz,
imagino una ciudad donde la muerte no es noticia.

Miran de espaldas
con la violencia de un fuego habitual,
trocado por una multitud
de días
de retener.

LA CERCA avanza hacia la pluma en blanco,
enlodando el estruendo de la ráfaga.

Invade nuestras roturas bancarias
con sillas prestas a una confusión
de tardes corrompidas a destiempo.

Nuevas rutas se encorvan
para beber otro milenio de ambages,
y, aun así, la cerca nos busca,
como una voz que remienda trazos de otras despedidas.

Ha buscado entre animales sin preludio
un portazo de varios días,
que retumbe en la pericia de andar torpes
ante el asalto
de algún impuesto sobre la queja,
de incendios escarbando en el polvo
que nos legó sin reparar
una escritura
mentida a cuestas.

CAMINO ARRIBA,
el desamparo de esconder las ganas
y contar a la noche el desorden,
la mirada de ese perro que a la salida del garaje
inventa el final del día.

Tú, dormida en una gota que aún espera,
vas perdiéndonos en cada nota.

La violencia de ignorar empuja el deseo.
El humo de la sangre no se detiene.
Renuevan torceduras en el sueño.

No obscurecen los estruendos.

El dictador no calla,
no lo seduce el callar.

CADA SÁBADO remueve múltiplos de nosotros
por donde escapan días de aceitunas.

La billetera acobarda cifras en el mercado
sin remediar lo desnudo de morir
por el disparo de otra guerra.
Los autos reposan deudas
sin una mudanza que despierte omisiones.

La semana deja más códigos almacenados
que rastros certeros.
Avanzo en la claridad de la derrota.

Es julio y no acaba febrero.

UN ANIMAL duerme su ruina en el fondo de mi
   bolsillo.

Su angustia es un laberinto de huesos y cantidades
que ya no esconde la mirada común,
que envuelve un sabor de incertidumbres,

maquillando el olor
de la técnica del desastre que escondimos en febrero.

TANTA MALDICIÓN en este poema,
y yo, leyendo las noticias,
buscando una voz que me tome por barranco,
por basura aguas abajo.

Tanta sequía
por vaciar el nombre de un funcionario
que inventa el desgranar de una hoja
borrada de mis aceras,
temerosa del impulso
que me hace saltar del rojo del semáforo
y derrapar en las calles más oscuras
esta rabia de saber
que llegamos tórridos / innumerables
a la evocación obscena
del pan de otras noches.

PARA ENCENDER la página
que arranca de mi máquina una vigilia,
en la impotencia de volver al comisario
que hace unas horas quebró mis lápices tibios
y me sembró en el fracaso
hielo y soborno de días en los que no sé
cuál tristeza de país nos hinca más,

limpio una rotura en la sed,
saco el brillo de mi mejor maldición,

la miro a ella
escupir el alma del uniforme,

sumo otro día de regreso a las sábanas que me yerguen,
a pesar del miedo
y de estas horas
tiesas de porvenir.

EL MAR atraviesa la noche de nuestra huella.

Olvida la primera noticia en un cajón,
bajo el humo de conjuros que todavía nos salvan.

Al final de esta ciudad,
donde ningún combustible
hace rodar los signos del papel,
la sal moja el rumor de la sombra.

No endurece la caída.

De cada rostro huye la mirada
que nombraba de cerca su escondrijo.

El rostro cubierto del estudiante mira una estrella

no me ocultes más la calle,
no nos dejes perder la dignidad,

que sea.

LLUEVEN INTACTOS

i

Huíamos del fuego en la plaza cuando gritaste, anochecida, mi nombre; como rugido de ballena[1], de viento confuso abigarrando manuscritos de muerte. Pervertía en nosotros el recuerdo de la bala.

Torpes, corríamos tras un aire mejor, entre la zozobra y aquel país de herrumbre.

ii

La bala mordió el pan que, sin saberlo, rozaba tu mano.

Un escudo nos detuvo ante el incendio donde quisimos ofrecer la piel de una herejía, a cambio de la furia de andar impávidos, sórdidos, por el odio que sembraba la omisión.

iii

Desde entonces, soy tu mano tirando de mí y del miedo.

---

[1] En Venezuela, tanqueta de agua antimotín.

Atrás, iba quedando el discurso que inició la vejez
de mis trabajos.

Desde entonces, todos los gases del hambre me
empujan tras de ti.

iv

El deseo apenas alcanzó para tapar, avergonzados de
ir más allá, donde no llegaran los tanques, la distensión,
ni el grito de los muchachos siendo menos.

v

¿Cómo vaciar el recuerdo del zumbido?

El cansancio de maldecir pronombres que aún
intentan borrar el escondite depravó el intento de toda
súplica, encendió otra humedad en el dolor.

vi

Habrá que cazar el silencio y descubrir el más íntimo
secreto de la ruina.

Tendremos que contarnos antes de salir si nos tocase
de nuevo algún amanecer.

Los años de aquel hoy siguen vencidos.

Los signos de la bala llueven intactos.

POR CONSERVAR mis fracasos,
vuelvo a levantar a diario el saco de mis huesos.

La incertidumbre de borrar el hollín en la moneda
oprime cuentas y saldos negativos,
sujeta una grieta mayor anclada a los miedos
que legaron en nosotros fechas de vencimiento.

Ella
esconde entre palmeras sangre de noticias en reverso,
remienda sus libros, mi rutina,
llueve sobre la arena de cuerpos que incitaron la marea
de estar aún despiertos,
elucubrando resacas, portazos,
vestigios de piel en el exceso.

NO MANIPULO el desencuentro.

Traigo la queja hasta el mapa menos viril,
con la ventaja de quien más durmió en el fracaso.

Clamo paredes en los hombros de mis padres.

La pluma desborda tinta
sobre esa Historia que nada trajo,
que apenas alcanzó para comienzos,

para mirar balances / algún lunes impreciso,
y este ayer de hoy
mejor que mañana.

ME HICIERON feliz por decreto.

Me dijeron fuerte y sin quejarme,
busqué refugio en la sombra de un sábado
donde las cuentas vencidas dejaran menos sangre que
   polvo,
menos devenir en ansiedad.

Quise olvidar el espíritu que hasta hoy
fue sumar un deshacer.

Anduve anónimo, dicté leyes y uniformes
que, horas después, me llevaron a traicionar cuanto
   hallé.

De ellos aprendí el extravío.

Uno de ir al basurero
e imaginarme el mundo desde ahí abajo.
Luego lanzar la ropa, recostarme
y volver a la casa que me retuvo por años,
ocultando inalcanzable
todo el subir.

SIGUEN cayendo nombres sobre ningún papel que
   los repare.

Traen cifras presagiando destierros,
como ductos abarrotados por el gas de otro vestigio,
como parsimonia
en lo oscuro de la inundación.

Se confunden con las voces ensayadas frente el espejo,
con cierta valentía en el decir,
con toda la agudeza puesta en el
no.

DE PURO hueco e incertidumbre, se deshizo la
evocación.
Fuimos bolsillos arreando un pálpito que no llegaba.

Sentados en la voz,
como si dentro de la palabra el martillear fuera más.

en memoria de Kluivert Roa

UN ESTRUENDO, un odio circular, *¡la policía!*

Días de encono vertiendo en la cabeza del niño
una herencia de tardes sin país,
la empuñadura del desconcierto,
una pregunta goteando peste en el jadeo:
hedor de cables, inundaciones,
maldito empeño el de retener.

La sangre que ahora estalla en la resaca
amontona laberintos en la utopía.
Nos hace pobres, más pobres.

Vuelve a despertar la ropa sucia de andar buscando /
de querer olvidar el veredicto
donde aceptamos morir sin mucho grito,

ahí, en la casa, de a poco,
viendo disparar de lejos.

¿CUÁL RETORNO de volver la incertidumbre hacia
la misma puerta?
¿Cuántas voces desde atrás hablándonos a pedazos?

Todo el optimismo de la bala.
Mucho bajar y no querer.

¿QUÉ HACE el poeta cuando no piensa en febrero?
¿Cuántas madrugadas invierte en descifrar sus gestos
   de ausencia?

¿Cuántos soldados arrastra hasta las horas
para borrar la sed de la ignominia?

OTRO MEDIODÍA de abril
baja por el barrio de mi niñez,
camino del cementerio,
adonde van a dormir las migas
y el humo de un pan que exhala distancias.

Ladera a cuestas,
el ataúd lleva el peso de mi amor,
que, de tanto deberlo,
se hizo un volver a nombrarlo todo,
sacudiendo muebles /
desvelos de antes.

en memoria de Carlos Durán,
amigo y maestro

DE MIS PRIMEROS años
conservo un pueblo escrito en pantano,
mis horas de niño sembradas en un campo
imaginando batazos,
juegos de tierra que se extraviaron,

demorándonos,

madrugando un recuerdo,
abandonando el uniforme que, sin saberlo,
nos buscaría siglos después
para volver a anotar lo que antes no supimos.

ESTE PÓRTICO de añoranzas bajo un lápiz.

Estos metales
que enhebran el vaivén de noches mordidas.

Con todo lo que tocaba y no llegó.

Sin un libro en la acera de mis regresos,
cuando escolar,
y los viejos eran otros.

SE ATASCÓ en la verja
la gota que sostenía febrero.

Instaló una impaciencia de corazones sin luz,
de penas bajo la espuma,
en lo que fuimos más acá del desastre,
cuando el fango de mi pueblo era identidad
y entre amigos nos vimos y nos contamos,
completos
pero no los mismos.

a Hernán, nuestros días de Ligia Sanguino

CADA ATARDECER de aquel domingo nos llevó
por la misma cuesta.

Defendíamos el voltaje
enredado en la inocencia de buscar contradicciones.
Era fácil, si entre avíos portábamos la ruda, el tabaco,
el rabo del alacrán.

Queriendo vaciar las arcas del destierro, vinieron los
hechizos:
baño de centella y oro para Oshun,
tú, el primer vaticinio; yo, la teoría del riesgo.

Hiciste anotaciones de calles, de pretextos mojados
por fantasmas,
del sagrario que pudo ser una advertencia,
y, aun así, te pedí esquivar.

De la bruja de tus otras edades quedaba apenas un
vuelo,
un coronar de encantos, y allí, muy adentro,
su memoria fusilada y a la vez minuciosa.

Ella, madre del humo invocando plazas y roturas
a merced del disturbio.

En tus apuntes, Don Juan de la Lejanía.
En mi derrota, la agonía del deseo;
buscando en el mutis del regreso una amargura, su
    vientre de ráfaga,
tan mordido, tan experto en acallar la rectitud.

a Daniela Jaimes-Borges

PARA MENTIR el sonido de este frío,
pudiéramos llegar a esa playa
donde la sal invoca un mar de otros orígenes,

y contar cuánto de máscaras quisimos ocupar
en el retorno a la misma línea
inhabitada por un polvo de años,

y decirnos niños, casa de amigos o un viejo ron,
el humo que hace años no nos invade,

esta calma que no decide,
que repetimos hasta el comienzo de su anhelar,
como si no quisiéramos.

REPASO, postergo lo indecible de la tarde.

Vuelvo a tallar sobre el olvido de gotas,
una obstinación, febrero,
rumor de vidrio cayendo en un fogón
detrás de la memoria.

Rasga el descuido de la ausencia.

Una despedida, a mis diecisiete, aprende a morir
contando animales en la casa de la abuela.

El fondo tímido de la botella aburre al autobús;
lo procaz de iterar sobre miedos,
el calor, la oscuridad veloz de una carretera
en donde duermo palabras
que no son mías.

ME AHORRO en el desgaste.

Trémulo en la confusión de engañar
con una voz que desde el fondo retiene,
pido recontar mis objetivos,
vuelvo a las orillas de un vagón
moribundo de temas que partieron a otras guerras.

No intento el asiento,
oferto el puesto que me tocó en la ciudad.

Brazos ausentes, miro el frío,
reciclo un papel devaluado.

YO, que nada sabía sobre callar,
hice brillar el dolor de mi pecho,
para ser de nuevo
el último en trancar las avenidas

y dejar atrás mi ordenador,

cómplice,
íntimo a la hora de naufragar.

DE MÍ, traigo el lenguaje,
por si llegara a cruzarse en el deseo un tiempo de
resumen.

Vengo dormido, pero en mis horas llueve un poema
que llegará hasta el punto y no se detendrá.

NO ESCUCHO: a toda velocidad, en contra,
abril es la mitad que me inventa.

Vuelvo a ser incendio de otras semanas.
No elemento reactivo que va al mercado
con la paciencia del hogar donde se hizo mayor.

No trato. No vuelvo a andar por el callejón.

Paso entre los vecinos imposible,
con la mirada esquiva
y las bolsas vacías de puro regreso.

UN SALTO en la muerte para evitar juramentos,
   desvíos,
la ruina de olvidar los montos que pretenden obstruir
   el estallido de las horas.

Un salto en la fiebre como signo de antigüedad,
como olor de viejos textos en los que no entendí
que gracias a la espada dormíamos completos.

Un salto de negar, de dudas,
de saborear por error esta cuota de páginas torcidas,
de nombres que en el mercado siguen lentos, a caballo,
y ya no sirven de nada.

POR ESTA mancha que hoy guarda mi ropa
y esa gota que se expande, sin ser carestía ni derrota.

Por este escupirlo todo en la mirada que vigila,
que no lamenta, ni esconde el rostro de su maldición.

Por lo que antes era parco / oculto,
y hoy descifra la configuración del lamento,

por el olor más sucio de la cordura;

tiembla lo escrito del por-decir,
rasga lo breve de mi angustia.

MÁS ADENTRO,
cuando al salir de la estación enciendan los finales
y el bulevar ya no sea aliento,
sino polvo mojado en recipientes de nostalgia;
lastimarán las mismas preguntas,
traduciremos otra caída de soles.

Nada resumirá.
Arderemos de pie sobre el escudo
sin perseguir la desnudez.

Indagaremos, como si fuésemos grito una vez más,
o huellas de papel destilando comienzos.
Como si fuéramos, entonces, petróleo.

ME DIERON el mentir, el no acabar y la vergüenza
    como signo.

Abrieron las puertas de un animal que no llegó,
alborotando un presagio ruin /
sabor metálico en la peor de las cuestas.

La ruta del bisiesto trajo la prisa y el suelo mojado,
por si llegaba a revelarse el óxido del azar,

por si llegaba a cruzarse en el pantano
otra idea por nación.

PORQUE el borrón en el papel
que a diario desvelamos (de boca a rendición)
sea una pista vulgar en el derrumbe,
y este barro nombrando un humo de niños
reviente la timidez de toda suma, de toda letra
que intente vaciarnos el descuido.

Porque no nos delate la impaciencia en el calor
y seamos nítidos al recostarnos,
con el pulso agitado en el decir,
con el peor elogio en la muerte.

> *La gente se pregunta si caerá,*
> *si dejará algo donde caiga*
> Luis Perozo Cervantes

HUIR por una tecla que no se encorva
por el nervio del deseo.

Dibujar hacia adentro el engaño de soltar los muros
y ser más.

Hablar de cuerpos rondando la presa,
pidiendo a la guerra más calor,
menos zozobra al cruzar las avenidas
que hoy olvidan la omisión,

e inventan
nuevos tránsitos hacia el tumulto.

SON LAS TRES de la mañana
cuando me siento a escribir una mirada
que avanza hacia ninguna luz,
imaginando la lluvia de un insecto
que cae
sobre el mismo lodo de esa niñez
donde esconder la identidad de las derrotas
era escasez.

Son las tres y se me ocurre
que este país no es tema en ningún lugar;
que, desde la raíz, eso que nos angustia y calienta
y nos persigue en la página del error,
es un estruendo circular que nos esparce en el saqueo,
no admite acusaciones,
hace retroceder en el alud
trayendo sequías,
puentes rotos,
cuna de ensañamientos.

SU PASIÓN era un día cóncavo.

Ella traía incendios en una lengua extranjera,
agitando cuentas y barriles por pagar /
la historia de un número iniciado
en la fe de la limosna,
que nos hacía olvidar el cadáver del entusiasmo,
el esqueleto sordo del ahora.

Ella nos dio su quietud en aquellas perversiones.

Dejábamos de ser pacientes, áridos en el descenso,
y querer estallar en la frente del soldado
el ímpetu de la escasez y la matraca[2].

Ella resumía palabras sin equipaje, y sabía
que, al zumbarlas con el ahínco de la impotencia,
morían lejanas sin morir.

Solo su vértigo fue abandono.

La suerte de no aceptar otro mes sin la violencia de
su pecho

---

[2] En Venezuela, soborno perpetrado especialmente por funcionarios de
cuerpos de seguridad.

la hizo insoslayable.

Puso en su mano una derrota distinta y la llevó al
    combate,
alzando muros en cada curva,
en cada asíntota
que nadie esperaba.

"HIJOS de la pobreza industrial", reza una nota al
final de la página.

Una nota que después de taladrar donde ignoro,
hace más lento el salpicar de la pobreza,
más lejanos los artículos de moda, del arte de la paz
o de la pena.

Cuatro niños en China se desprenden del hambre y
del mundo
(como si un pueblo enterrado en infancia fuera el mundo)
inaugurando su mejor transparencia;
cuatro niños que colapsan en la mirada del otro,
insistiendo en acallar sus despedidas
(como si jugar a suicidarse
dibujando un corazón pesticida
equivaliera a un adiós, o a burlar el hambre
que hacia adentro los esconde).

Su helada prudencia es también mi alevosía.
Su confusión de muerte, una insistencia más.

Mi puesto de trabajo es el mismo antes y después de
    la página
que luego me asalta con la muerte de Marilyn
y sus dientes y el tinte de sus cabellos.

Tarde, en el regreso, me tapan esas palabras
de dar gracias / de no retorno,
de la inocencia que ahora congelan
y yo no logro alcanzar.

Colgado de miseria olvido los códigos del día.

Aquellos padres
no habitarán por la mañana su oficio de abandono;
tampoco, dormirán sobre sus pies en la línea de
    producción,
ahora que el regreso muerde / exhala,
y febrero es ansiedad en el hocico de un animal.